CARL ORFF · CATULLI CARMINA

Carl Orff

Catulli Carmina

Ludi scaenici

„Rumoresque senum severiorum
omnes unius aestimemus assis"

Mainz · London · Madrid · New York · Paris · Tokyo · Toronto

Carl Orff

Die Lieder des Catull

Szenisches Spiel

*„Für das grämliche Gemeckre
abgelebter Greise allzusammen
geben wir nicht einen roten Heller"*

Deutsche Übertragung von Rudolf Bach

Mainz · London · Madrid · New York · Paris · Tokyo · Toronto

BN 3634-10

Printed in Germany

ISBN 3-7957-3634-X

Dramatis personae		Es treten auf	
Catullus		Catull	
Lesbia	amica	Lesbia	seine Freundin
Caelius	amicus	Caelus	sein Freund
Ipsitilla	meretrices	Ipsitilla	Buhlerinnen
Ameana	meretrices	Ammiana	Buhlerinnen
Amatores et meretrices		Liebhaber und Buhlerinnen	

Chorus

Juvenes, juvenculae,
senes

Chor

Jünglinge, Mädchen,
Greise

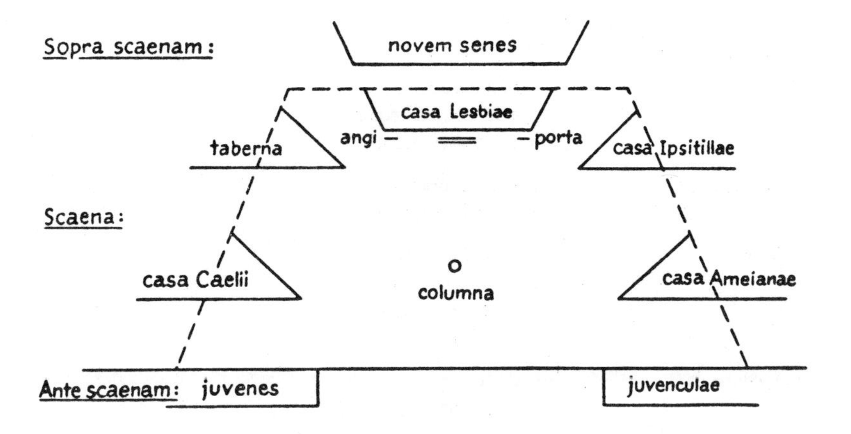

Praelusio

Juvenes, juvenculae, novem senes

Ante scaenam sinistra juvenes, dextra juvenculae consederunt retro, media in parte pulpiti, supra scaenam senes.

Juvenes, Juvenculae:

Eis aiona!
Eis aiona!
tui sum!
Eis aiona!
tui sum!
o mea vita,
Eis aiona!
tui sum,
eis aiona!

Juvenes:

Tu mihi cara,
mi cara amicula,
corculum es!

Juvenculae:

corculum es!

Juvenes:

Tu mihi corculum,
tu mihi corculum!

Juvenculae:

corcule, corcule,
dic mi, dic mi,
a te me amari?

Juvenes:

O tui oculi,
ocelli lucidi,
fulgurant, efferunt
me velut specula.

Juvenculae:

specula, specula,
tu mihi specula?

Juvenes:

O tua blandula
blanda, blandicula,
blanda, blandicula,
tua labella.

Juvenculae:

cave, cave,
cave, cavete!

Im Proscenium haben links die Jünglinge, rechts die Mädchen Platz genommen, in der Mitte die Greise.

Jünglinge, Mädchen: Ewig, ewig!
Ewig, ewig!
Dein bin ich,
Ewig, für ewig!
Dein bin ich,
Du mein Leben,
Für ewig!
Dein bin ich
Ewig, ewig!

Jünglinge: Einzige,
Einzig Geliebte,
Herzliebste!

Mädchen: Herzliebster!

Jünglinge: Meine Herzliebste,
Meine Herzliebste!

Mädchen: Liebster, Herzliebster,
Sag mir, sag mir,
Daß du mich liebst!

Jünglinge: O deine Augen,
Die spielenden Lichter,
Verheißend brennen
Sie mir im Blut.

Mädchen: Verheißend, verheißend,
Gibst du Verheißung?

Jünglinge: Ach, deine schmeichelnden,
Holden, schwellenden,
Schwellenden, holden,
Ach, deine Lippen

Mädchen: Hüt' dich, hüt' dich,
Hütet euch alle!

Juvenes:	ad ludum prolectant.
Juvenculae:	cave, cave, cave, cavete!
Juvenes:	O tua lingula, lingula, lingula, usque perniciter vibrans ut vipera.
Juvenculae:	Cave, cave, cave, cavete, cave meam viperam, cave meam viperam, nisi te mordet.
Juvenes:	Morde me!
Juvenculae:	Basia me!
Juvenes:	Morde me!
Juvenculae:	Basia me!
Juvenes:	Morde me!
Juvenculae:	Basia me, basia me, basia me!
Juvenes, Juvenculae:	Ah!!

Jünglinge:	reizen zum Spiel.
Mädchen:	Hüt' dich, hüt' dich, Hütet euch alle!
Jünglinge:	Ach, dein Zünglein, Das Zünglein, dies Zünglein, Das immer rege, Das Schlangenzünglein.
Mädchen:	Hüt' dich, hüt' dich, Hütet euch alle, Vor diesem Zünglein, Dem Schlangenzünglein, Daß es nicht sticht.
Jünglinge:	Beiß zu!
Mädchen:	Küss' mich!
Jünglinge:	Beiß zu!
Mädchen:	Küss' mich!
Jünglinge:	Beiß zu!
Mädchen:	Küss' mich! Küss' mich! Küss' mich!
Jünglinge, Mädchen:	Ah!!

Juvenes:	O tuae mammulae! mammulae, mammulae! mammulae!
Juvenculae:	Mammulae!
Juvenes:	mammae, molliculae,
Juvenculae:	mammae, molliculae,
Juvenes:	dulciter turgidae, gemina poma!
Juvenes, Juvenculae:	Ah!!
Juvenes:	mea manus est cupida, manus est cupida, manus est cupida, cupida, cupida, o vos papillae horridulae!! illas prensare, illas prensare,
Juvenculae:	Suave, suave, suave, suave, suave lenire!
Juvenes:	illas prensare, vehementer prensare!
Juvenes, Juvenculae:	Ah!!
Juvenculae:	O tua mentula, mentula, mentula, mentula!
Juvenes:	mentula!
Juvenculae:	Cupide saliens,

Jünglinge:	O deine Brüstlein, Die Brüstlein, die Brüstlein, Die Brüstlein!
Mädchen:	Brüstlein!
Jünglinge:	Deine schwellenden Brüstlein,
Mädchen:	schwellenden Brüstlein,
Jünglinge:	Süße, strotzende, Zwillingsäpfel!
Jünglinge, Mädchen:	Ah!!
Jünglinge:	Ach, es verlangt mich, Verlangt mich, Verlangt mich Unwiderstehlich, O deine starrenden Knospen, Sie zu berühren, Ach, sie zu fassen,
Mädchen:	Süß wär es, süß, Süß, wie süß, Süße Erfüllung!
Jünglinge:	Sie zu fassen, Stürmisch zu fassen!
Jünglinge, Mädchen:	Ah!!
Mädchen:	O tua mentula, Mentula, mentula, mentula!
Jünglinge:	Mentula!
Mädchen:	Springbegieriges,

Juvenes:	Peni peniculus,
Juvenculae:	velut pisciculus, velut pisciculus,
Juvenes:	is qui desiderat tuam fonticulam!
Juvenes, Juvenculae:	Ah!!
Juvenculae:	Mea manus est cupida, manus est cupida, manus est cupida, cupida, cupida, coda codicula, valde errecta!! illam captare, illam captare,
Juvenes:	petulante manicula!
Juvenculae:	illam captare, illam captare!
Juvenes, Juvenculae:	Ah!!

Jünglinge: Peni peniculus,

Mädchen: Wie ein Fischlein,
Wahrhaftig ein Fischlein,

Jünglinge: In deinem Quellchen
Möcht es sich tummeln!

Jünglinge, Mädchen: Ah!!

Mädchen: Ach, es verlangt mich,
Verlangt mich,
Verlangt mich,
Unwiderstehlich,
Coda codicula,
Valde errecta!
Es zu greifen,
Zu packen!

Jünglinge: Behendes Händchen!

Mädchen: Es zu greifen,
Zu packen!

Jünglinge, Mädchen: Ah!!

Juvenes:

Tu es Venus,
Tu es Venus,
Venus es!

Juvenculae:

O me felicem,
o me felicem.

Juvenes:

In te
in te
in te habitant
omnia gaudia,
omnes dulcedines,
omnis voluptas.

In te
in te
in tuo amplexu
in tuo ingenti amplexu
tota est,
tota est,
mihi vita.

Juvenculae:

O me felicem!!

Juvenes, Juvenculae:

Eis aiona!
Eis aiona!
Eis aiona!

Senes (mordaciter):

„Eis aiona!
Eis aiona!
Eis aiona!"

O res ridicula!
O res ridicula!
immensa stultitia.

Die Jünglinge und Mädchen rufen sich, werbend und verheißend, immer kühnere Liebkosungen zu.

Jünglinge:	Meine Göttin, Meine Göttin, Liebesgöttin!
Mädchen:	Wie bin ich glücklich, Wie bin ich glücklich.
Jünglinge:	In dir, In dir, In dir wohnen All meine Freuden, Alle Wonnen, Alle Lust. In dir, In dir, In deinen Armen In deiner gewaltgen Umarmung Liegt alles, Liegt alles, Was Leben Mir ist.
Mädchen:	Wie bin ich glücklich!
Jünglinge, Mädchen:	Ewig, ewig, Ewig für ewig! Ewig, ewig!
Greise (bissig):	„Ewig, ewig! Ewig, für ewig! Ewig!“ Lachhaftes Getu! Lachhaftes Getu! Blühender Unsinn.

Nihil durare potest tempore perpetuo.
Cum bene Sol nituit, redditur Oceano.
Decrescit Phoebe, quae modo plena fuit,
Venerum feritas saepe fit aura levis.

„Tempus, tempus,
tempus amoris cubiculum
non est."

sublata lucerna
nulla est fides,
perfida omnia sunt.

O vos brutos,
vos stupidos,
vos stolidos!

Senex: „Lanternari, tene scalam!"

Senes: Audite, audite,
Audite ac videte!:

„Catulli Carmina
Catulli Carmina
Catulli Carmina".

Juvenes, Juvenculae (ecstasi soluti):

Audiamus!!

Nichts auf Erden währt „unendliche“ Zeit.
Die strahlende Sonne: im Meer versinkt sie.
Der volle Mond: wie bald schmilzt er wieder.
Liebeswahnsinn: er vergeht wie ein Lufthauch.

„Die Zeit, die Zeit,
Die Zeit ist der Liebe Schlafgemach
Nicht.“

Besieh dir's bei Licht:
Es gibt keine Treue,
Treulos sind alle.

Über euch Tölpel,
Verblendete,
Törichte!

Ein Greis: „Laternenträger, halt die Leiter!“

Greise: Höret, höret,
Höret und seht:

„Die Lieder des Catull
Die Lieder des Catull
Die Lieder des Catull.“

Jünglinge, Mädchen (aus ihrer Verzückung erwachend):

Wir hören!!

Incipit ludus scaenicus

ACTUS I

I *Catullus ad columnam*

Odi et amo, quare id faciam, fortasse requiris,
nescio, sed fieri sentio et excrucior.

Intrat Lesbia

II *Catullus et Lesbia*

Vivamus, mea Lesbia, atque amemus,
rumoresque senum severiorum
omnes unius aestimemus assis.

Soles occidere et redire possunt:
nobis cum semel occidit brevis lux,
nox est perpetua una dormienda.

Da mi basia mille, deinde centum,
dein mille altera, dein secunda centum,
deinde usque altera mille, deinde centum.

Dein cum milia multa fecerimus,
conturbabimus illa, ne sciamus,
aut nequis malus invidere possit,
cum tantum sciat esse basiorum.

III *Catullus et Lesbia ad columnam considunt*

Ille mi par esse deo videtur,
ille, si fas est, superare divos,
qui sedens adversus identidem te
spectat et audit

dulce ridentem, misero quod omnis
eripit sensus mihi: nam simul te,
Lesbia, adspexi, nihil est super mi,

Beginn des Spiels auf der Szene

ERSTER AKT

I *Catull lehnt an der Säule*

Ich hasse. Ich liebe. Warum? Du fragst mich? Ich weiß nicht.
Weiß nicht und fühle nichts sonst. Fühl es und leide. So ist's.

Lesbia tritt auf

II *Lesbia und Catull*

Leben laß uns, Lesbia, leben und lieben,
Für das grämliche Gemeckre abgelebter
Greise allzusammen geben wir nicht einen roten Heller.

Sonnen können versinken und wieder aufgehen,
Aber wenn unser geringes Lichtlein auslöscht,
Begräbt in ewiger Nacht uns ewiger Schlummer.

Ach, gib mir tausend Küsse, dann hundert Küsse
Und wiederum tausend Küsse und wiederum hundert
Und immer so tausend Küsse und immer so hundert.

Endlich, wenn's tausend und abertausend sind, wirbeln
Wir ihre Zahl geschwind durcheinander, bis wir
Sie selbst nicht mehr wissen und auch kein Neider sie finden
Könnte, die Zahl unsrer unzähligen Küsse.

III *Lesbia und Catull setzen sich bei der Säule nieder*

Der wahrhaftig dünket ein Seliger mir,
Ja, wär's nicht vermessen, noch über den Göttern selig,
Der zu dir sich hinläßt, dich ansieht und anhört,
Immer und immer.

O dein Lächeln, ich Glücklich-Armer, um alle
Fassung bringt es mich; taucht mein Blick in den deinen,
Lesbia, Lesbia, ist es um mich geschehen,

lingua sed torpet, tenuis sub artus
flamma demanat, sonitu, suopte
tintinant aures, gemina teguntur
lumina nocte.

Otium, Catulle, tibi molestumst,
otio exultas nimiumque gestis.
otium et reges prius et beatas
perdidit urbes.

Catullus in Lesbiae gremio indormit

Intrant amatores

Lesbia Catullum dormientem relinquit

IV *Lesbia in taberna saltat coram amatoribus*

Interim Catullus expergiscitur

Intrat Caelius - Catullus desperat

Caeli, Lesbia nostra, Lesbia illa,
illa Lesbia, quam Catullus unam
plus quam se atque suos amavit omnes,
nunc in quadriviis et angiportis
glubit magnanimi Remi nepotes.

V

Nulli se dicit mulier mea nubere malle
quam mihi, non si se Juppiter ipse petat.
dicit: sed mulier cupido quod dicit amanti
in vento et rapida scribere oportet aqua.

Catullus et Caelius exeunt

Applaudunt senes dicentes:

„Placet, placet, placet,
optime, optime, optime!"

Fest klebt mir die Zung am Gaumen, brennendes
Glühn fließt unter der Haut mir hin, es
Dröhnt in den Ohren wie Donner, und Nacht stürzt
Über die Augen.

Schwärmerei, mein Catull, bekommt dir übel.
Schwärmerei macht dich zum Träumer.
Schwärmerei hat Könige schon und ganze
Städte vernichtet.

Catullus entschläft in Lesbias Schoß

Die Liebhaber treten auf

Lesbia verläßt den schlummernden Catull

IV *Lesbia tanzt vor den Liebhabern in der Schenke*

Inzwischen erwacht Catull

Caelus tritt auf - Catull verzweifelt

Caelus! Unsere Lesbia, eben jene,
Jene Lesbia, die Catull allein
Geliebt, mehr als sich selbst und alle die Seinen,
Da sieh: an Straßenecken jetzt, in verrufenen Gassen
Setzt sie zu den hochnoblen Enkeln des Remus.

V Keinen nehme sie lieber zum Manne, als mich – so sagt sie,
Sagt mir Lesbia, und wenn selbst Jupiter käme zu frei'n,
Sagt sie. Aber was ein Weib einem Mann sagt, der liebt:
Schreib's in den wehenden Wind, schreib's in die Welle
des Stroms.

Catull und Caelus gehen ab

Die Greise applaudieren und rufen:

„Bravo, bravo, bravo,
Ausgezeichnet, ausgezeichnet!"

ACTUS II

VI *Nox. Catullus in via ante Lesbiae casam dormit. Somnians videt in casa tralucida Lesbiae sese in lecto cubantis amplexibis fruentem.*

Jucundum mea vita, mihi proponis amorem
hunc nostrum inter nos perpetuumque fore.
Di magni facite ut vere promittere possit
atque sincere dicat et ex animo,
ut liceat nobis tota perducere vita
aeternum hoc sanctae foedus amicitiae.

„dormi, dormi,
dormi ancora".

Lesbia permulcet amicum

Scena lasciva

VII *Agnoscit Catullus suo loco Caelium*

Catullus expergiscitur; casa tenebris obruitur

Catullus desperat

Desine de quoquam quicquam bene velle mereri
aut aliquem fieri posse putare pium.
omnia sunt ingrata, nihil fecisse benigne est,
immo etiam taedet obestque magis:
ut mihi, quem nemo gravius nec acerbius urget
quam modo qui me unum atque unicum amicum habuit.

Applaudunt senes dicentes:

„Placet, placet, placet,
optime, optime, optime".

ZWEITER AKT

VI *Nacht. Catull schläft vor Lesbias Haus. Er träumt. Das Haus wird durchsichtig, Catull sieht Lesbia und sich selbst auf dem Lager.*

Wunderbar, mein Herz, hör' ich dich sagen:
Ewig sein nun, ewig unsere Liebe.
Gebt, ihr Götter, daß sie wahr gesprochen,
Und es ehrlich meint, aus reinem Herzen.
Gönnt uns, daß durchs Leben wir bewahren
Solcher heilgen Liebe schönes Bündnis.

„dormi, dormi,
dormi ancora".

Lesbia streichelt und beruhigt ihren Freund

Liebesszene

VII *Catull erkennt in seiner Gestalt den Caelus*

Er fährt aus dem Schlaf; das Haus wird rasch dunkel

Er verzweifelt

Laß es nur sein, je wieder irgendwem irgend zu dienen,
Oder zu glauben, es gäb je ein erkenntliches Herz.
Undank heißt Weltlohn, nie bringt dir Wohltat dein Wohltun.
Ja, die Erinnrung daran schafft dir nur Ekel und Gram.
So geht's mir, dem keiner härter und bittrer zusetzt,
Als den ich eben hier Freund noch und Bruder genannt.

Die Greise applaudieren und rufen:

„Bravo, bravo, bravo,
Ausgezeichnet, ausgezeichnet!"

ACTUS III

VIII *Lux. Catullus ad columnam*

Odi et amo, quare id faciam, fortasse requiris,
nescio, sed fieri sentio et excrucior.

Ipsitilla perbella puellula ad fenestram apparet

IX *Inflammatus venere Catullus epistulam scribit*

Amabo, mea dulcis Ipsitilla,
meae deliciae, mei lepores,
iube ad te veniam meridiatum.

Et si iusseris illud, adiuvato,
nequis liminis obseret tabellam,
neu tibi libeat foras abire.

Sed domi maneas paresque nobis
novem continuas fututiones.
Verum, si quid ages, statim iubeto:

nam pransus iaceo et satur supinus
pertundo tunicamque palliumque.

X *Ameana puella defututa, progressa incursat Catullo*

Ameana puella defututa
tota milia me decem poposcit,
ista turpiculo puella naso,
decoctoris amica Formiani.
propinqui, quibus est puella curae,
amicos medicosque convocate:
non est sana puella, nec rogate
qualis sit: solide est imaginosa.

Catullus Ameanam propellit

DRITTER AKT

VIII *Tag. Catull an der Säule*

Ich hasse. Ich liebe. Warum? Du fragst mich? Ich weiß nicht.
Weiß nicht und fühle nichts sonst. Fühl es und leide. Sei's drum!

Ipsitilla erscheint im Fenster des Hauses rechts

IX *Catull schreibt ihr, rasch entflammt, einen Brief*

Verliebt bin ich in dich, mein Ipsitillchen,
Liebesvögelchen, charmante Kleine,
Gönn' mir ein verschwiegenes Stündchen, jetzt über Mittag.

Und genehmigst du es, so sorge dafür, daß
Keiner zu dir kommt und etwa den Riegel vorschiebt,
Tritt auch du selber nicht hinaus vor die Türe,

Sondern halt dich verschwiegen daheim und rüste dich,
Daß uns neunmal das Liebesopfer gelinge.
Wahrlich im Ernst: willst du, so komm ich sofort, denn

Nach dem Essen, wenn ich so dalieg, gesättigt,
Hebt es mir leicht wohl den Rock, ja den Mantel.

X *Ammiana, eine abgebrauchte Buhlerin, tritt auf und stürzt sich auf den Catull*

Wie denn? Ammiana, die abgetakelte
Vettel – ganze zehntausend Sesterzen verlangt sie?
Dieses Weib mit ihrer mißratenen Nase,
Die Hure des Bankrottiers Formianus.
He, ihr Verwandten und wen das Mädchen sonst angeht,
Ruft die Freunde zusammen, ruft die Ärzte:
Sie ist übergeschnappt; wahrhaftig, sie weiß nicht
Mehr, wer sie ist: sie hat einen Hitzschlag bekommen.

Catull treibt Ammiana fort

XI *Inter amatores ac meretrices ambulantes Catullus solam identidem petit Lesbiam*

Miser Catulle, desinas ineptire,
et quod vides perisse, perditum ducas.
Fulsere quondam candidi tibi soles,
cum ventitabas quo puella ducebat

amata nobis quantum amabitur nulla.
Ibi illa multa tum iocosa fiebant,
quae tu volebas nec puella nolebat.
Fulsere vere candidi tibi soles.

Nunc iam illa non vult: tu quoque,
impotens, noli,
nec quae fugit sectare, nec miser vive,
sed obstinata mente perfer, obdura.

Vale, puella! iam Catullus obdurat,
nec te requiret nec rogabit invitam:
at tu dolebis, cum rogaberis nulla.
Scelesta, vae te! Quae tibi manet vita!

Quis nunc te adibit? Cui videberis bella?
Quem nunc amabis? Cuius esse diceris?
Quem basiabis? Cui labella mordebis?
At tu Catulle, destinatus obdura.

Catullus inter amatores titubans corruit

Intrant Caelius et Lesbia. Lesbia conspecto Catullo exclamant:

„Catulle", Catullus prosiliens: „Lesbia", repellit eam

XII

Nulla potest mulier tantum se dicere amatam
vere, quantum a me Lesbia amata mea's.
Nulla fides ullo fuit umquam in foedere tanta,
Quanta in amore tuo ex parte reperta mea est.

XI *Unter den vorübergehenden Liebhabern und Buhlerinnen sucht Catull immer und immer nur Lesbia*

Gib's nur Catull, du Armer, gib's nur auf,
Und was verloren ist, laß es verloren sein.
Ehmals glänzten dir glückliche sonnenhelle
Tage, als du dorthin gingst, wohin die Freundin

Lockte, sie die du liebtest, wie vorher noch keine.
Viel der süßen Spiele habt ihr getrieben,
Ach, es gefiel dir und war dem Mädchen nicht unlieb.
Wahrhaftig, da glänzten dir Sonnentage des Glückes.

Nun aber will sie nicht mehr, mach du es nicht anders,
Such nicht zu halten,
Was sich nicht halten läßt, werde nicht elend.
Halte stand. Ertrag's mit Gleichmut. Bleib fest.

Leb wohl, Geliebte, sieh her, Catull bleibt fest.
Nie kommt er wieder, gibt dir kein gutes Wort mehr,
Denn fühlen sollst du, wie's ist, wenn keiner dir nachfragt.
Elende, weh, was ist dies dann für ein Leben!

Wer wird dich suchen, dir sagen, ach, daß du schön bist?
Wen willst du lieben, wen stammeln hören: mein Alles?
Wen willst du küssen und wem die Lippen zerbeißen?
Aber du, Catull, halt aus, bieg dir den Sinn nicht.

Catull schwankt und stürzt zwischen den Liebhabern zu Boden

Caelus und Lesbia kommen. Lesbia erblickt Catull und schreit auf:

„Catull", Catull auffahrend: „Lesbia", und stößt sie zurück.

XII Nimmer ward ein Weib so geliebt, nein, keine kann sich dess' rühmen,
Wie du, Lesbia, von mir: innig und maßlos und blind.
Keine reinere Treue durchglühte jemals ein Bündnis,
Wie ich für meinen Teil liebend sie stets dir bewies.

Nunc est mens diducta tua, mea Lesbia, culpa,
atque ita se officio perdidit ipsa suo,
ut iam nec bene velle queat tibi, si optima fias,
nec desistere amare, omnia si facias.

Lesbia desperans in casam fugit

Finitur ludus scaenicus

Exodium

Juvenculae atque juvenes, diu iam non curantes spectaculum, denuo incitati, mutuo rursus incenduntur ardore.

Juvenes, Juvenculae: Eis aiona,
eis aiona
tui sum!

Senes Oi mè!!

Juvenes, Juvenculae: Eis aiona!
Accendite faces!!
Iò!!!

Abgewandt hat sich nun freilich mein Herz, du selber bist
schuldig,
Sieh, und aus bitterer Pflicht fühlt's in sich selbst sich entzweit,
Daß es dich weder vermöchte zu achten, wie tief du bereutest,
Noch dich zu lieben nicht mehr, was du auch immer begingst.

Lesbia eilt verzweifelt in ihr Haus

Ende des Spiels auf der Szene

Die Jünglinge und Mädchen, die schon längst nicht mehr auf die Handlung geachtet haben, entbrennen von neuem in gegenseitiger Leidenschaft.

Jünglinge, Mädchen: Ewig, ewig,
Ewig, für ewig,
Bin ich dein!

Greise: Oi mè!!

Jünglinge, Mädchen: Ewig, ewig!
Entzündet die Fackeln!!
Iò!!!

NACHWORT

Gaius Valerius C a t u l l u s, 84 *v. Chr. zu Verona geboren, gilt mit Recht als der erste echte Dichter altrömischer Zunge. In der Stadt und dem väterlichen Landgut auf der Halbinsel Sirmione am Südufer des Gardasees verlebte er eine glückliche Kindheit, genoß eine sorgfältige Erziehung durch griechische Lehrer, übte sich früh in poetischen Arbeiten und kam bereits in jungen Jahren nach Rom, das er, wenige Reisen, darunter eine nach Kleinasien, und längere Aufenthalte in der oberitalienischen Heimat ausgenommen, nicht mehr verließ. Im Wirbel eines glänzenden großstädtischen Lebens, im Umgang mit berühmten und unberühmten Zeitgenossen, Dichtern, Literaten, Politikern, Staatsmännern, reich gesegnet von den Freuden und Leiden der Liebe und der Freundschaft, schuf er seine Gedichte, darunter mehrere Kleinepen im hellenistischen Stil, besonders unter dem Einfluß des von ihm verehrten spätgriechischen Dichters Kallimachos. An der Schwelle zur Mannheit, kaum dreißig Jahre, starb er.*

Das beherrschende Erlebnis seines rasch abbrennenden, gleichwohl starken und vollen Daseins war die Liebe zu einer Dame der großen Welt, mit Namen Clodia. Vornehmer Abkunft und lockeren Wandels, einer gleichgültigen Ehe verhaftet, hat sie ihren um mehrere Jahre jüngeren Freund durch alle Himmel und Höllen einer schicksalhaften Leidenschaft gejagt. Im Feuer dieses unbedingten Gefühls, das alle Grade von blinder Hingabe bis zu höhnischem, selbstzerstörerischem Haß durchlief, wurde Catull zum Dichter. Mit jenen kürzeren oder längeren Billetts an und über die „Lesbia" genannte Geliebte gewann er sich den originalen Stil der Aussage, den man vielleicht am besten als lyrisches Tagebuch bezeichnet: Bitten, Wünsche, Klagen, Vorwürfe, Entzückungen und Lobpreisungen; Monologe, Epigramme, knappe Situationsschilderungen, Berichte an Freunde; alles aus dem Augenblick hervorgesponnen, scheinbar leicht hingeworfen, dennoch durchaus Gestaltung, durchaus Dichtung, von der sichersten Grazie der Form, in der alles, auch das Keckste, Frivolste und Frechste, zu sagen erlaubt ist. Und immer wieder bewegt dazwischen der Laut einer so zarten wie glühenden Empfindung, der elementare Klang des Herzens. Nur ein so geborener Dichter wie Catull vermochte derart das Persönlichste ganz unmittelbar auszusprechen und, indem er nur sich selber zu singen schien, zum ersten großen Lyriker der lateinischen Sprache zu werden. Die wunderbare Genauigkeit des Umrisses, das Trocken-Helle und doch Schwingende der Diktion, die südliche Logik der Empfindung, der Scharfsinn des Gefühlsausdrucks, das Körnige, Knappe, Männlich-Gefaßte – all das, was in mannigfacher individueller Abwandlung später den Ruhm der römischen Poesie ausmachte, ist bei Catull zum ersten Male offenbar geworden. Über seinen Versen liegt kein Staub, sie sind frisch und lebendig wie je.

R. B.

Die Fassung des lateinischen Textes geschah in Zusammenarbeit
mit Dr. Eduard Stemplinger